Gudrun Born

Klartext

Armut durch häusliche Pflege
ist ein Skandal,
wann wird er abgeschafft?

Neuauflage

Bibliografische Information

Die Deutsche Nationalbibliothek verzeichnet diese Publikation in der Deutschen Nationalbibliografie; detaillierte bibliografische Daten sind im Internet unter http://dnb-ddb.de abrufbar.

© 2021 Gudrun Born, Frankfurt/Main

Neuauflage

Herstellung und Verlag: BoD – Books on Demand, Norderstedt

ISBN Nr.: 9-783-754-342-046

Inhalt:

Einleitung

„Die pflegerische Versorgung der Bevölkerung ist eine gesamtgesellschaftliche Aufgabe (SGB XI 8.1).

Das ist die Theorie – und wie sieht die Praxis aus?

Die Bundesregierung beschloss 1995: „Häusliche Pflege durch Angehörige und Nachbarn hat Vorrang vor professioneller Pflege", diese Maßgabe gilt bis heute. Würden nicht Millionen Bürger/innen diese Arbeit gewissenhaft leisten, wäre das Deutsche Pflegesystem am Ende.

2019 [1] wurden 80% der rd. 4 Mio. Pflegebedürftigen in häuslicher Umgebung versorgt und gepflegt – eine gigantische Leistung! Umso erstaunlicher ist es, dass trotz intensiver Bemühungen von Interessenvertretungen und Einzelpersonen die Rahmenbedingungen für die Arbeit der pflegenden Angehörige kaum nachgebessert wurden.

In vielen Druckschriften ist nachzulesen, welche Leistungen den Pflegebedürftigen zustehen und was ihnen angeboten wird, aber allgemeinverständliche Informationen für die, die häusliche Pflege leisten sollen oder wollen (das SGB XI nennt sie Pflegepersonen), sucht man vergeblich.

Das vorliegende Buch **Klartext** soll diese Lücke füllen.

Als ehemals pflegende Angehörige mit 17 Jahren eigener Pflegeerfahrung beschreibe Ich, was pflegende Angehörige wissen müssen, wo sie „der Schuh drückt" und was geändert werden sollte, um die Pflegebereitschaft der dt. Bevölkerung auch künftig zu erhalten.

Gudrun Born

---

[1] BMG, Zahlen und Fakten zur Pflegeversicherung, Stand Februar 2021

Deutschland hat ein breites soziales Netz

Zitat [2]: „Die soziale Sicherung in Deutschland gründet auf dem Solidaritätsprinzip. Unternehmen, Bürgerinnen und Bürger sowie der Staat zahlen gemeinsam in einen großen Topf ein, das sogenannte Sozialbudget.

In dieses Budget fallen nicht nur die Sozialversicherungssysteme wie Renten-, Kranken-, Pflege-, Arbeitslosen- und Unfallversicherung. Auch steuerfinanzierte Förder- oder Fürsorgeleistungen vom Wohngeld über Grundsicherung bis hin zum Elterngeld zählen zum Sozialbudget."

Ende der 1980er Jahre zeichnete sich ab, dass der demografische Wandel den Pflegebedarf der Bevölkerung erheblich steigern wird. Also wurde 1995 (nach der Wende) die soziale Pflegeversicherung in ganz Deutschland eingeführt.

(Für privat Versicherte gelten eigene Regeln).

SGB XI § 1 (1): Zur sozialen Absicherung des Risikos der Pflegebedürftigkeit wird als neuer, eigenständiger Zweig der Sozialversicherung eine soziale Pflegeversicherung geschaffen."

Das Wort **„Absicherung"** fördert in der Bevölkerung die **Illusion**, mit der sozialen Pflegeversicherung sei der Pflegebedarf gedeckt, ähnlich wie bei Krankenversicherungen, für die wir **14,6%** unseres Einkommens zahlen (davon Arbeitgeber 50%), Rentner und Selbständige zahlen voll).

Der Mitgliedsbeitrag zur sozialen Pflegeversicherung beträgt nur **3,05%** (Kinderlose zahlen einen Aufschlag von 0,35% = **3,4%**). Deshalb ist es nicht verwunderlich, dass die

---

[2] https://www.bundesregierung.de/breg-de/aktuelles/soziale-sicherung-17-*/16264

Pflegeversicherung nur Teile der pflegebedingten Kosten übernimmt, umgangssprachlich sagt man **Teilkasko**.

Klartext:

Sicher ist: Alle pflegebedingten Kosten, die über die gesetzlich festgelegten Zuschüsse hinausgehen, haben die **Pflegebedürftigen** aus eigenen Einkünften zu zahlen.

Nur **Pflegebedürftige**, die Sozialeinkommen beziehen, erhalten auf Antrag evtl. „Hilfe zur Pflege".

Für finanzkräftige Bürger/innen ist diese Regelung günstig.
Sie zahlen 10% ihres Einkommens als Beitrag und können bei Pflegebedarf alle Kosten, die über die offiziell übernommenen Kosten hinausgehen, problemlos selbst zahlen.

Aber für Geringverdiener/innen?
Zwischen 2003 und 2005 wurden die Hartz-IV-Gesetze in Kraft gesetzt. Politiker waren stolz darauf, den bestausgebauten Niedriglohnsektor zu haben.

In Deutschland arbeiten über 20 Prozent der Vollzeitbeschäftigten im unteren Einkommenssektor [3]. Damit liegen wir im EU-weiten Vergleich unter den sechs Ländern mit den höchsten Anteilen. Das Entlohnungsniveau ist geografisch sehr ungleich verteilt [4].

---

[3] https://www.bertelsmann-stiftung.de/de/themen/aktuelle-meldungen/2020/juli/niedriglohnsektor-sackgasse-statt-sprungbrett

[4] https://www.bpb.de/geschichte/deutsche-einheit/lange-wege-der-deutschen-einheit/47165/niedriglohnsektor

Grundsatz: „Ambulant vor stationär"

SGB XI § 3: „Die Pflegeversicherung soll mit ihren Leistungen **vorrangig** häusliche Pflege und die Pflegebereitschaft der Angehörigen und Nachbarn unterstützen, damit die Pflegebedürftigen möglichst lang in häuslicher Umgebung bleiben können. Leistungen der teilstationären und der Kurzzeitpflege gehen den Leistungen der vollstationären Pflege vor."

Klartext:

Hilfe durch pflegende Angehörige (pA) hat also Vorrang vor fachlicher Hilfe, ambulant [zur Unterstützung der pA] oder stationär in Pflegeeinrichtungen.

Diese Begründung entspricht durchaus dem Wunsch der Pflegebedürftigen. 80% wollen in privater Umgebung versorgt werden, nicht nur Senioren, sondern Menschen aller Altersstufen. Eltern sorgen dafür, dass kranke Kinder möglichst nicht in ein Heim müssen.

Aber - ein Schelm ist, wer Böses dabei denkt:

Der Wunsch der Bevölkerung ist ein, aber nicht der wichtigste Grund dieser Gesetzgebung.

Häusliche Pflege ist vor allem die billigste aller Möglichkeiten, denn es wurde gleichzeitig beschlossen ...

Häusliche Pflege ist unentgeltlich zu leisten

In den skandinavischen Ländern setzt man auf das „service-basierte (steuerfinanzierte) überwiegend professionelle System", während in Deutschland von Anfang an der Schwerpunkt auf „familienbasierte" Pflege gelegt wurde.

> **BGB § 1618a** Eltern und Kinder sind einander Beistand und Rücksicht schuldig. **§ 1353** (2) Die Ehegatten sind einander zur ehelichen Lebensgemeinschaft verpflichtet, sie tragen füreinander Verantwortung.

Aus diesen Paragrafen leiteten die Väter des SGB XI ab, dass Pflege durch Angehörige **grundsätzlich** unentgeltlich zu leisten ist, die Pflegedauer liegt bei Ø 8-9 Jahren.

Klartext:

Die Pflege von und die Verantwortung für Millionen hilfebedürftige Menschen mit kognitiven oder körperlichen Einschränkungen wird **vom Staat als kostenlos vorhandene Ressource einkalkuliert.**

Nicht nur die Hilfe von Töchtern, Söhnen oder Ehegatten der Pflegebedürftigen, sondern auch von ● Verlobten, ● Lebensgefährten und Verwandten 2. Grades: ● Geschwister, ● Stiefeltern/-kinder, ● Schwiegereltern -kinder, ● Schwager/Schwägerin, ● Pflegeeltern/Pflegekinder.

Das heißt: Wenn pA eine Vertretung brauchen, wird Hilfe von Verwandten nicht aus Mitteln der PV bezuschusst, obwohl sie oft geeigneter und vor allem leichter erreichbar wäre als di durch Fachkräfte.

Geht es um die bestmögliche Hilfe für die, die sie brauchen oder um das Prinzip „familiäre Hilfe kostet nichts?

Diese Idee stammt aus Bismarcks Zeiten, der um 1885 die Dt. Sozialgesetze einführte. Damals hatten Frauen grundsätzlich unentgeltlich zu arbeiten und zu sorgen.

Aber die Lebenswirklichkeit und Lebensplanung von Menschen des 21. Jahrhunderts hat sich völlig verändert.

Zitat Dr. Cornelia Heintze [5]: [...] „Man setzt voraus, dass in Zukunft noch mehr Pflegearbeit, hauptsächlich von den Töchtern, Schwiegertöchtern, Enkeltöchtern und Ehefrauen geleistet wird – im Privaten, unentgeltlich, oft unter Aufgabe der eigenen beruflichen Ziele und der eigenen ökonomischen Unabhängigkeit. Hier wird ein Modell in die Zukunft fortgeschrieben, für das schon heute (2012) die gesellschaftlichen Bedingungen erodieren:

Die Zahl der verfügbaren Töchter sinkt, die der Pflegenden wächst." [...] „Das Problem liegt auf der Hand: Ein Pflegesystem, das für eine andere gesellschaftliche Realität gemacht ist, überfordert die Pflegenden, stellt Familien dauerhaft vor die Zerreißprobe und treibt sie in legale Grauzonen, wenn sie professionelle Hilfen holen wollen – Stichwort: Pendelmigration. [...]" = Hilfen aus Osteuropa.

Die Verantwortlichen ignorieren, dass, seit die „Gleichberechtigung und gleiche Bildungschancen beider Geschlechter" gelten, alles anders ist. Die Geburtenrate ist gering, die Zahl der Alleinerziehenden hoch und die Zeit der „Versorger-Ehe" ist vorbei. Auch Frauen absolvieren heute Studien oder Ausbildungen, nicht nur, um den Lebensunterhalt und die Altersrente zu sichern (Ehen haben nur noch Ø 15 Jahre Bestand), sondern auch, weil sie ihren Beruf gern ausüben.

---

[5] Heintze, Cornelia: Auf der Highroad – der skandinavische Weg zu einem zeitgemäßen Pflegesystem, Juli 2012

Berufliche Alten- und Krankenpflege und häusliche Pflege werden bis heute mehrheitlich von Frauen geleistet.

Die Ursache für den katastrophalen Fachkräftemangel ist die fehlende Wertschätzung und schlechte Bezahlung von Pflegeberufen und Pflegetätigkeiten ganz allgemein.

Niemand kann zur Übernahme einer häuslichen Pflege **verpflichtet oder gar gezwungen werden**, allenfalls zu finanziellem Elternunterhalt für Heimbewohner.

Klartext:

Ist jahrelang notwendige häusliche Pflege wirklich mit „familiärem Beistand" gleichzusetzen?

Werden pflegende Angehörige nicht endlich finanziell entlastet, ist vorprogrammiert, dass die Pflegebereitschaft der Bevölkerung sinken wird – während der Pflegebedarf steigt.

Als Maßstab für einen finanziellen Ausgleich könnte die Renten-Bezugsgröße dienen, die bei der Berechnung der Rentenbeiträge für pA als „fiktives Gehalt" gilt.

Ein Kollaps des dt. Pflegesystems (durch Mangel an Fachpersonal) lässt sich nur verhindern, wenn die häusliche Pflege künftig nicht mehr generell unentgeltlich gefordert wird.

Aber es gibt Anzeichen für politische Einsicht, nämlich ...

Das Angehörigen-Entlastungsgesetz

Die Preise für Heimpflege sind hoch und unter alten Menschen und in Familien ging die Angst um: Wer kann die geforderten Heimkosten überhaupt noch bezahlen?

Um **leibliche Kinder** von Heimbewohnern vor **unkalkulierbaren Risiken** zu schützen, griffen Politiker das Thema auf und führten 2020 das „**Unterhalts-Entlastungsgesetz**" ein.

Seitdem müssen „Abkömmlinge" von Heimbewohnern nur dann zu den Heimkosten **mittelloser Eltern** zuzahlen, wenn ihr Jahreseinkommen über 100.000 € brutto liegt, das sind 8.333 € pro Monat (für Ehegatten gilt das nicht).

Dieses Gesetz ist ein Schritt in die richtige Richtung.

Doch wie kommt es, dass **erneut außer Acht gelassen wurde,** dass die Risiken der **Angehörigen, die zu Hause pflegen**, genauso unkalkulierbar sind?

VOR DEM GESETZ SIND ALLE MENSCHEN GLEICH !

Klartext:

Nur ein Bruchteil der pA hat ein Einkommen oder Rücklagen, von denen sie ihren Lebensunterhalt **während der gesamten Pflegedauer** finanzieren können. Neben Vollverantwortung müssen sie - bei Geldnot - sogar die **eigenen** Ersparnisse (bis auf den Selbstbehalt von 5.000 €) einsetzen, danach erhalten sie ALG II = Armutsniveau.

Es ist vorhersehbar, dass viele Menschen der nächsten Pflegegeneration dieses Armutsrisiko nicht mehr eingehen werden, der Preis ist einfach zu hoch – und dann?

So werden pA zu „anerkannten" Pflegepersonen

Der Medizinische Dienst der Krankenversicherungen (MDK) erstellt bei jedem Pflegeantrag ein Gutachten als Empfehlung für die Krankenkassen. Das dazu nötige Gespräch mit den Antragstellenden wird (zumindest in meiner Umgebung) bei Hausbesuchen in der Wohnung der Pflegebedürftigen geführt, seit Corona evtl. auch telefonisch.

Seit Einführung der Pflegestärkungsgesetze 2017 gelten statt drei Pflegestufen fünf Pflegegrade.

Beim Begutachtungsgespräch mit den MDK-Beauftragten geht es nicht um eine medizinische Diagnose, sondern um eine komplexe Definition von fachwissenschaftlicher und sozialrechtlicher Bedeutung.

Der Pflegebedarf wird nach Modulen erfasst und die Ergebnisse werden nach Punkten bewertet. ● Mobilität, ● geistige und kommunikative Fähigkeiten, ● Verhalten und psychische Probleme, ● Selbstversorgung, ● Umgang mit krankheitsbedingten Anforderungen, ● Alltagsgestaltung und soziale Kontakte, ● außerhäusliche Aktivitäten, ● Haushaltführung.

Wenn sich eine **Privatperson** gegenüber dem/der Vertreter/in des MDK bereit erklärt, die Pflege des/der Pflegebedürftigen sicher zu stellen, werden deren Personalien erfasst und den zuständigen Pflegekassen zugeleitet.

Dafür kommen nur Menschen in Betracht, die in erreichbarer Nähe des/der Pflegebedürftigen wohnen und in der Lage sind, die nötigen Arbeiten zu leisten oder zu organisieren. Sie dürfen max. 30 Std. pro Woche erwerbstätig sein.

Auf diese oder ähnliche Weise werden hilfsbereite An- und Zugehörige zu „**Pflegepersonen**" (so nennt sie das SGB XI), sie selbst bezeichnen sich als pflegende Angehörige (pA).

Bestätigung der Pflegeübernahme

In manchen Bundesländern bekommen die Pflegepersonen nach dem Besuch des MDK eine schriftliche Bestätigung und Informationen über das, was sie eigentlich schon vor Einwilligung in die Pflegeübernahme hätten wissen müssen, z.B. Sicherstellung des vollen Pflegebedarfs, Versicherungsschutz, Verpflichtung zu unentgeltlicher Hilfe (niemand sagt das offen!)

In anderen Bundesländern hören pA nach dem Besuch des MDK von der zuständigen Kasse nichts mehr. Ihr eigener Name ist zwar in den Akten registriert und für sie gelten Pflichten, deren Einhaltung geprüft wird, aber als Personen sind sie ein Niemand. Das, was ihre Pflegeaufgabe angeht, müssen sie selbst „aus dem Meer der Vorschriften und Paragrafen" an Land ziehen.

Zuerkennung eines Pflegegrades

Irgendwann kommt die Mitteilung über die Einstufung. (Wenn ein Pflegegrad bewilligt wurde, wird das Pflegegeld rückwirkend ab Antragstellung überwiesen.)

Ab Zuerkennung eines Pflegegrades zwischen 2 und 5 überprüft eine Fachkraft ¼ **oder** ½ **jährlich** bei „Beratungsgesprächen", ob die geforderte Leistung ordnungsgemäß erbracht wird. (Wenn bereits eine Fachkraft im Einsatz ist, entfällt diese Beratung).

Wird dieses Beratungsgespräch **nicht pünktlich von dem oder der Gepflegten beantragt,** wird einmal schriftlich gemahnt. Kommt keine Antwort, wird die Pflegegeldzahlung gekürzt oder eingestellt.

Grad 1 wird bei geringen körperlichen Einschränkungen zuerkannt (als Vorstufe zu den Graden 2 bis 5). Unterstützt werden Maßnahmen, **die die Selbständigkeit und den Verbleib in häuslicher Umgebung fördern** (das kann auch die Wohnung der Pflegeperson sein). Dazu gehören:

Kostenlose Pflegeberatung, die Versorgung mit Pflegehilfsmitteln und Maßnahmen zur Verbesserung des Wohnungsumfeldes (z.B. Bezuschussung von Treppenlift oder barrierefreier Dusche, Haltegriffen, Toilettensitzerhöhung usw.)

Wie in den Graden 2-5 wird auch in Grad 1 **ein Entlastungsbetrag von 125 €/Mt. zugesagt, aber nicht ausgezahlt.**

Private Haushalthilfen dürfen mit dem Entlastungsbetrag **nicht** bezahlt werden. Die eingesetzten Hilfskräfte müssen bei „nach Landesrecht anerkannten und von der PV zugelassenen Arbeitgebern" beschäftigt sein (das ergibt bei 125 € ungefähr 3 - 5 Hilfestunden pro Monat).

Die Krankenkassen geben Auskunft wo man diese Hilfskräfte findet. Leider herrscht in vielen Gegenden erheblicher Fachkräftemangel, denn diese Dienste werden für Hilfe in allen fünf Pflegegraden gebraucht.

Wer bekommt das Pflegegeld?

„Das Pflegegeld dient als **Anreiz die Pflegebereitschaft der Angehörigen und Nachbarn zu fördern**", sagt SGB XI § 3.

Gezahlt wird es in den Graden 2 bis 5 an **Pflegebedürftige, die eine Privatperson nennen können, die die Sicherstellung der Pflege verbindlich zusagt** – egal ob sie mit dem/der Pflegebedürftigen verwandt ist oder nicht.

SGB XI § 37: „Pflegebedürftige der Grade 2 – 5 können, **anstelle der häuslichen Pflegehilfe** [damit ist die Sachleistung gemeint], Pflegegeld beantragen. Der Anspruch setzt voraus, dass der **Pflegebedürftige mit dem Pflegegeld** die erforderlichen körperbezogenen Pflege- und pflegerischen Betreuungsmaßnahmen sowie Hilfen bei der Haushaltführung in geeigneter Weise **selbst sicherstellt.**"

Angeblich dürfen die Pflegebedürftigen ihrer Pflegeperson das Pflegegeld steuerfrei schenken, aber das ist eine Mogelpackung, denn …

das können nur die, deren Einkommen/Vermögen für die pflegebedingten Kosten ausreicht: Zuzahlungen zu Medikamenten, Therapien, Hilfs- und Pflegemitteln, Gehhilfen, Rollator, Rollstuhl, Wohnraumanpassung; Taxifahrten zu Ärzten oder Behandlungen; Investitionskosten. Ferner Eigenanteile bei Kurzzeit-,-Tages- oder Nachtpflege und sonstigen Kassenleistungen wie Hör-/Sehhilfen, orthopädische Schuhe usw.

Das Pflegegeld wird bei jeder Nutzung der Kombi- oder Sachleistung mit den Kosten für die Fachpflege verrechnet, **das bedeutet, es wird gekürzt oder gestrichen** (wie kann es dann verschenkt werden?)

Alle anderen Zuschüsse der PV werden nur bei Nutzung von **Fachdiensten** bewilligt (ausgenommen bei Verhinderungspflege).

Die Sätze, die die Kassen mit den Pflegediensten abrechnen, liegen (je nach Bundesland) zwischen rd. 35 und 50 €/Std. (Lohn der Fachkraft plus Hausbesuchs-, Wege- und Ausbildungspauschale, Zuschläge für Feiertags-, Abend- Wochenend- und Nachtdienste).

Zusätzlich sind von den Pflegebedürftigen 2,5% der Rechnungssumme als Investitionskosten zu zahlen.

Das, was Pflegedienste abrechnen, ist durch die Kombi-Möglichkeit verschiedener „Geldtöpfe" sehr intransparent.

Klartext:

Die meisten Angehörigen gehen davon aus: „**Das Pflegegeld bekommt die Pflegeperson,"** - eine Irrtum!

Und wie werden pA arbeitstechnisch entlastet?

Grad 5 = 1.995 €/Mt. Sachleistung. Dafür erhält man – bei voller Nutzung der Summe - **je nach Bundesland rd. 1 ¾ Std. Hilfe pro Kalendertag,** (während pA in Grad 5 an 365 Tagen/Jahr 24 Stunden Anwesenheitspflicht haben).

Da 1 ¾ Stunden nicht mal zum Umbetten und Frischmachen von Schwerkranken morgens und abends ausreichen, müssen die Kosten, die über die Sachleistung hinausgehen, privat zugezahlt werden.

Die Verantwortlichen haben offenbar keine Ahnung, wie demütigend es ist, wenn pA ständig um ergänzende von Privatpersonen Hilfe betteln müssen.

Niemand will über Jahre in der „Schuld" anderer stehen, ohne sich „erkenntlich" zeigen zu können.

Haben anerkannte Pflegepersonen Rechte?

Ja, einige haben sie, aber nicht alle erfahren Details dazu.

- **Arbeitslosenversicherung**: Wer aus Vollerwerbstätigkeit ausstieg, um zu pflegen, wird kostenlos versichert.

Dasselbe gilt für Personen, die den Leistungsbezug von Arbeitslosengeld unterbrechen, um eine Pflege zu übernehmen. Die versicherten Pflegepersonen haben nach Beendigung der Pflege Anspruch auf Arbeitslosengeld und auf Leistungen der aktiven Arbeitsförderung, falls der nahtlose Einstieg in eine berufliche Tätigkeit nicht gleich gelingt.

- **Unfallschutz**: Wer Angehörige, Nachbarn oder Freunde **im Sinne der Pflegeversicherung** (in häuslicher Umgebung und nicht erwerbsmäßig) pflegt, ist durch die gesetzliche Unfallversicherung beitragsfrei geschützt bei: Arbeits- bzw. Wegeunfällen, Berufskrankheiten, Infektionen.

Klartext:

Über den Versicherungsschutz müssen pA schnell schriftlich informiert werden, weil im Schadensfall Meldefristen einzuhalten sind, das geschieht oft nicht.

Schon bei ärztlicher **Erstbehandlung** muss angegeben werden, dass es sich um einen Schaden/Unfall aus häuslicher Pflege handelt. In vielen Arztpraxen behauptet man, das spiele keine Rolle (denn es ist mit Mehrarbeit verbunden). Doch diese Meldung ist wichtig, weil die gesetzliche Unfallversicherung evtl. auch Entschädigungen zahlt, die über die Behandlungskosten hinausgehen. Doch nachträgliche Korrekturen sind kaum möglich.

Wer eine Pflegeperson vertritt, ist nicht unfallversichert

- **Vereinbarkeit von Beruf und Pflege:** Bei plötzlichem oder längerem Pflegebedarf, können Arbeitnehmer/innen

Kurz- oder Familienpflegezeit beantragen, bei Verdienstausfall auch ein zinsloses Darlehen. Einzelheiten sind mit den Arbeitgebern vor Ort zu klären.

Doch diese Angebote sind befristet und helfen allenfalls in Akutsituationen. Bei jahrelangem Pflegebedarf bieten sie kaum Schutz und werden deshalb nur wenig genutzt.

- **Rentenversicherung,** siehe Seite 27

Was empfinden Pflegepersonen als ungerecht?

- **Gesundheit und Erholung**: Sie haben weder geregelte Arbeitszeiten noch einen Rechtsanspruch auf Pausen oder Erholung (wie alle Erwerbstätigen). Nur wenn sie ernstlich krank waren, haben sie evtl. Anspruch auf eine Reha.

- **Kein Einkommensausgleich:** Pflegepersonen müssen ab Pflegeeinwilligung ihren Lebensunterhalt und die dazugehörigen Kosten (Miete, Nebenkosten, Kranken- und andere Versicherungen plus Sorge für Minderjährige etc.) **selbst aufbringen, sogar, wenn sie um einer Pflege willen ihre 30 Std.-Erwerbtätigkeit ganz aufgeben mussten.** Dafür ist kein finanzieller Ausgleich vorgesehen.

- **Keine Entscheidungsfreiheit:** Den Pflegebedürftigen und ihren Pflegepersonen wird haargenau vorgeschrieben, wer ihnen helfen darf und wer nicht (z.B. Verwandte, Entlastungsbetrag, Verhinderungspflege).

Zum Vergleich: Familien erhalten das Kinder- oder Elterngeld in bar und können es nutzen, wofür sie es gerade brauchen, auch für Hilfen von Verwandten.

Womit ist diese Ungleichbehandlung und Bevormundung von Pflegehaushalten gerechtfertigt?

„Erwerbsmäßige Pflege", was bedeutet das?

Pflegebedürftige dürfen ihrer anerkannten Pflegeperson **max. einen Zuschuss in Höhe des Pflegegeldes geben, als Dank, nicht als Lohn**, aber Ausnahmen sind möglich.

Kurzfassung [6]: Wer regelmäßig einen **Angehörigen**, in Grad 2 bis 5 **ehrenamtlich** – also nicht erwerbsmäßig - in häuslicher Umgebung pflegt, **gilt als anerkannte Pflegeperson**. Er/sie kann das Pflegegeld steuerfrei erhalten, es gilt nicht als Verdienst und es liegt kein beitrags- und meldepflichtiges Beschäftigungsverhältnis vor.

Pflegende Familienangehörige können evtl. mehr als das Pflegegeld erhalten - aber wieviel?

Wenn *Pflegepersonen, die nicht verwandt sind* (z.B. Nachbarn) mehr *als das Pflegegeld erhalten sollen, kann evtl. eine Beschäftigung gegen Arbeitsentgelt vorliegen. Damit würde der/die Pflegebedürftige zum Arbeitgeber* und die Pflegeperson zum Arbeitnehmer. Das ist der zuständigen Einzugsstelle zu melden *und es sind die entsprechenden* Sozialversicherungsbeiträge zu zahlen.

Als Abgrenzungskriterium gilt: Ist Hilfe das vorherrschende Motiv (z.B. enge Freundin) oder der **Gelderwerb?** Bei **Hilfe** werden evtl. höhere Beträge als das Pflegegeld bewilligt und nicht als erwerbsmäßige Beschäftigung gewertet.

Wollen Pflegebedürftige höhere Beträge zahlen, müssen sie das **zuvor** mit der Einzugsstelle klären.

---

[6]...https://www.minijob-zentrale.de/DE/01_minijobs/03_haushalt/01_grundlagen_minijobs_im_privathaushalt/07_Pflege_von_Angehoerigen/node.html

Wieso ehrenamtlich?

**„Nicht alle freiwillig Tätigen sind Ehrenamtliche,
aber alle Ehrenamtlichen sind freiwillig tätig.“**

Der Begriff ehrenamtlich bedeutet **nicht unentgeltlich**, aber in jedem Fall liegt ihm Freiwilligkeit zugrunde.

In **„echte“ Ehrenämter** wird man gewählt, delegiert oder berufen, man verpflichtet sich auf Zeit: Schöffen, Laienrichter, Räte, Vorstände, politische Ämter, Natur- und Umweltschutz, Rettungswesen etc. **Ehrenämter** sind mit Ehre = Anerkennung verbunden, aber viele dieser Ehrenamtlichen erhalten auch pauschale Aufwandsentschädigungen.

Freiwillig und bürgerschaftlich Tätige (das sind ca.75% aller Engagierten), arbeiten überwiegend unentgeltlich, aber inzwischen werden auch ihnen oft Auslagen oder sogar Stundensätze erstattet z.B. Übungsleiter oder Betreuer.

„Pflegende Angehörige“ entscheiden sich aufgrund schicksalhafter Ereignisse für die Übernahme einer Pflege. Niemand sucht sich diese Aufgabe wirklich freiwillig aus.

Klartext:

Es ist ein unfairer Trick, häusliche Pflege als Ehrenamt zu deklarieren und als **unentgeltlich zu leistende Arbeit** zu fordern. PA haben kein Amt inne und ihnen wird weder Ehre noch höheres Ansehen zuteil. **Ihre Beweggründe beruhen auf ihrer eigenen Gewissensentscheidung.**

Ist die Mutter eines mit einer Behinderung geborenen Kindes ehrenamtlich tätig?

„Lohnt" sich häusliche Pflege?

„Ihr Einsatz lohnt sich", titelt eine Broschüre der Dt. Rentenversicherung, aber **für wen?**

* Ja, er lohnt sich **für die Gepflegten**, die trotz Alter, Krankheit oder Behinderung wunschgemäß von nahestehenden Menschen umsorgt und beschützt werden.

* Er lohnt sich **für die Gemeinschaft der Versicherten und deren Arbeitgeber,** denn die Pflichtbeiträge zur sozialen Pflegeversicherung **sind nur deshalb so gering**, weil Millionen pflegebedürftige Menschen passgenau von Privatpersonen in privaten Räumen gepflegt und versorgt werden – unentgeltlich!

* Er lohnt sich **für den Staat, denn er spart damit jährlich Milliardenausgaben.** Aber bei genauem Hinsehen ist diese **Einsparung kein Nettogewinn**, sondern eine Kostenverschiebung auf andere Träger, die die Folgekosten der fehlenden Unterstützung der pA tragen müssen: ALG-II-Bezug, geringe Rentenanwartschaften, gesundheitliche Beeinträchtigungen, Behandlungskosten usw.

* Lohnt sich der Einsatz **für die Pflegepersonen?** Sie übernehmen diese Aufgabe aus Verbundenheit, Dankbarkeit, Liebe, Pflichtgefühl ... ganzjährig, auch an Wochenenden, Sonn- und Feiertagen, bei Bedarf auch nachts.

Bei Verschlechterungen des Gesundheitszustandes der Gepflegten genau wie bei Corona-bedingtem **Ausfall von Pflegediensten.** Da haben pA auch Stoma- und Wundversorgung geleistet, sie hatten keine andere Wahl!

Zum Glück sind viele pA Experten/innen ihrer Situation.

Nach dem Tod von Gepflegten ist es für ehemals Pflegende ein gutes Gefühl, zu wissen: Ich habe für diesen Menschen alles getan, was mir möglich war.

- **Doch die pA,** die genauso viel leisteten wie alle anderen, aber wegen ihres geringen Einkommens sogar ihre privaten Rücklagen einbüßten und deshalb fortan arm sein werden, sagen bitter „Wir sind die Dummen der Nation!"

Und sie warnen Freunde und Bekannte vor den Risiken, die sie selbst aus Unkenntnis der Tatsachen eingingen.

Fakt ist, dass viele bei Pflegeübernahme keine Ahnung haben, was auf sie zukommt. Die Pflegeanforderungen beeinträchtigen ihre Bewegungsfreiheit und hindern sie daran, Beratungen aufzusuchen; der Gesetzes-Dschungel ist kaum durchschaubar; **die geringen Zuschüsse zwingen viele zu Selbstüberforderung**; Kontakte zu anderen Betroffenen sind hilfreich, aber wie findet man sie?

Liest man die Statistiken des Sozialministeriums, **staunt man über die Ausgabenverteilung.** Die Mitgliedsbeiträge der Versicherten fließen (gemessen an 80% häuslicher und 20% stationärer Pflege) **überproportional in den gewinnträchtigen professionellen Pflegemarkt.**

Pflegedienste und Heime rechnen mit den Pflegekassen hohe Stundensätze ab, zahlen aber vielen ihrer Beschäftigten nur Mindestlöhne.

Kein Wunder, dass chronischer Personalmangel und Unterversorgung von Heimbewohnern Dauerprobleme sind.

„Die Pflege von Menschen
ist kein Renditeobjekt für Investoren!"
(Ulrike Mascher, vormalige VDK Präsidentin)

Rentenbeiträge für pflegende Angehörige?

Ja, es werden Rentenbeiträge gezahlt, **sie sind die einzige finanzielle Anerkennung** die pA (in erwerbsfähigem Alter sind) zusteht. Und wie werden sie berechnet?

Jährlich wird aus dem Durchschnittswert aller Einkommen der Versicherten im vorvorletzten Jahr die **Renten-Bezugs-größe (BG)** neu ermittelt. Weil pA kein Gehalt bekommen, gilt diese als **fiktives Einkommen für Pflegepersonen,** daran orientieren sich die Rentenbeiträge. Die Pflegekassen der Gepflegten zahlen auf die Rentenkonten der Pflegepersonen (entsprechend dem Pflegegrad) 18,6% der BG ein.

Für 2021 liegt der gezahlte Beitrag **monatlich** zwischen 115 und 612 €/Mt. West bzw. 109 € und 579 €/Mt. Ost. [7]

Daraus ergibt sich (je nach Pflegegrad) pro Pflegeperson **ab Rentenbezug eine monatliche Rentenerhöhung** zwischen 6 und 34 € West bzw. 6 und 31 € Ost **für ein Jahr häusliche Pflegeleistung.**

Aber diese Höchstbeträge von 34 € bzw. 31 € (das ist je 1 Rentenpunkt) **erreicht kaum jemand,** denn bei fachlicher Hilfe wird nicht nur das Pflegegeld der Gepflegten gekürzt oder gestrichen. Auch die Rentenbeiträge der pA werden um 15% (bei Kombileistung) bzw. 30% (bei voller Sachleistung) reduziert, Begründung: Sie haben durch fachliche Unterstützung weniger Arbeit! Und das bei einer 7-Tage-Woche der pA mit Vollverantwortung rund um die Uhr.

„Lohnt" sich die Übernahme einer häuslichen Pflege für pA?

Urteilen Sie selbst!

---

[7] Unter www.pflegebalance.de können Zahlen und Einzelheiten zu den Rentenzahlen eingesehen oder heruntergeladen werden

Hilfskräfte aus Osteuropa

2021 erregte ein Urteil des Bundesarbeitsgerichtes (BAG) die Gemüter, viele Medien berichteten darüber:

> **Zitat:**[8]„Für die Bereitschaftszeit einer sogenannten Live-in-Betreuungskraft aus Osteuropa **besteht Anspruch auf den gesetzlichen Mindestlohn,** auch wenn diese von einem ausländischen Arbeitgeber nach Deutschland entsandt wurde. [...] Geklagt hatte eine Frau aus Bulgarien, in deren Arbeitsvertrag eine Arbeitszeit von 30 Std./Woche vereinbart war, die aber 24h Bereitschaftsdienst zu leisten hatte.“

Die politisch Verantwortlichen sind aufgefordert, die Konditionen der Hilfskräfte durch neue Regelungen zu gestalten.

Ein Blick zurück: Bald nach Einführung der Pflegeversicherung zeichnete sich in vielen Pflegehaushalten Mangel an **bezahlbaren** Hilfskräften ab. **Die Arbeitsentlastung der pA durch die Teilkasko-PV ist gering, deutsche Pflegekräfte sind teuer.** Als Notlösung suchten und fanden viele eine Hilfskraft aus Osteuropa. Das wurde zwar verboten, aber trotz Strafandrohung hielt sich kaum jemand daran. Tausende Osteuropäerinnen kamen und füllten die Lücke, die der Staat bis heute nicht schließen kann (oder will?)

Viele Pflegebedürftige ermöglichen durch die Anstellung einer solchen Hilfskraft ihren Angehörigen - trotz Pflegeverantwortung – 30 Std. erwerbstätig zu sein.

Auch alleinstehende Senioren möchten im Alter am liebsten zu Hause bleiben, aber wer kann sie pflegen? Frauen oder Männer aus Osteuropa erfüllen ihnen diesen Wunsch.

---

[8] neue caritas 12/2021 Seite 5

Irgendwann erarbeiteten Wohlfahrtsverbände Rahmenbedingungen für diese Hilfskräfte, auch, um sie vor finanzieller Ausbeutung durch ihre dt. Arbeitgeber/innen zu schützen.

Heute arbeiten geschätzt 300.000 bis 600.000 dieser Hilfskräfte in Privathaushalten - der Staat duldet es stillschweigend. Niemand hätte gedacht, dass das **Bundes**arbeitsgericht sich mal mit den Arbeitsbedingungen dieser Hilfskräfte befassen würde.

Die Reaktionen auf das Urteil sind verschieden:

Pflegebedürftige, die eine Live-in-Hilfskraft beschäftigen, lesen das BAG-Urteil mit Unbehagen. Sie haben Sorge, die Kosten könnten in unbezahlbare Regionen steigen.

Aber pA mit geringem Einkommen begrüßen die Klage gegen zu geringe Bezahlung, denn sie macht Vergleiche möglich. Ihre Argumente: „Die können wenigstens klagen. Wir haben nicht mal Arbeitsverträge, in denen Arbeitszeiten genannt sind." – „Für uns würde kein Bundesarbeitsgericht eintreten. Wir sind zwar täglich 10-12 Stunden im Einsatz, gelten aber nicht als Arbeitnehmer." – „Wir erhalten erst ALG II, wenn wir pleite sind!" - „Pflegende Angehörige sind die Sparbüchse der Nation, wieso lassen wir uns das gefallen?"

Ja, man soll für legale Entlohnung der Live-Ins sorgen, aber wieso nicht auch für finanzielle Entlastung der pA?

Sie fordern nicht mal Mindestlohn. Schon die dauerhafte Zahlung des Pflegegeldes und freies Verfügungsrecht über den Entlastungsbetrag würde vielen helfen.

Das Problem ist: PA können weder streiken, wie Lokführer oder Piloten, noch gegen einen nicht eingehaltenen Arbeitsvertrag klagen (wie Live-ins), sie haben keinen.

„Die Pflegenden pflegen" [9]

… so hieß eines der ersten Bücher zu häuslicher Pflege.

Ex- Gesundheitsminister Hermann Gröhe schrieb 2015: „Man kann diesen Menschen nicht dankbar genug sein" und die Bundeskanzlerin nannte sie die „stillen Helden!"

Aber schöne Worte verhindern kein Armutsrisiko!

Klartext:

Die meisten Angehörigen starten mit der Übernahme einer häuslichen Pflege eine Art Blindflug.

Wieso werden sie nicht **ohne taktische Beschönigungen im Voraus über wichtige Einzelheiten informiert?**

Neben fachlichen Beratungsangeboten brauchen pA Wohlwollen und Verständnis, daran fehlt es, nicht nur in der Politik, sondern auch in Behörden, Krankenhäusern und Arztpraxen. Keine Frage, pA reagieren oft empfindlich, schließlich leben viele von ihnen nicht gerade „normal": Daueranspannung (ohne Recht auf Erholung), gestörter Schlaf (ohne Anspruch auf Pausen), Kampf mit der Pflegebürokratie und Geldnot wirken nicht gerade beflügelnd.

Werden die Pflegenden gepflegt? Nein, leider nicht!

Aber die Hoffnung, dass verantwortliche Politiker endlich definieren, dass häusliche Pflege kein familiärer Beistand, sondern jahrelange harte Arbeit ist, bleibt!

---

[9] Hedtke-Becker, Astrid, die Pflegenden pflegen, Lambertus-Verlag, Freiburg, 1990

Wo drückt pflegende Angehörige der Schuh?

Eine der schwierigsten Aufgaben für pA ist, den Pflegealltag so zu gestalten, dass wenigstens ansatzweise Lebensqualität für alle Beteiligten erhalten bleibt. **Das vorhandene oder fehlende Geld spielt dabei eine wichtige Rolle – leider!**

Die finanzielle Lage der Pflegehaushalte entscheidet darüber, ob die Pflegepersonen fast alles alleine stemmen müssen (und deshalb ständig am eigenen Limit sind) oder ob sie gut über die Runden kommen, weil sie bei Bedarf die nötigen Entlastungen selbst zahlen können.

- **65% der Pflegehaushalte** nehmen die Sachleistung **nicht** in Anspruch, weil sie das Pflegegeld, das bei Nutzung der Sachleistung gekürzt oder gestrichen wird, dringend für die Bezahlung der anfallenden Kosten brauchen.

- Manche **Pflegebedürftige** können nicht die erforderlichen Zusatzkosten für Kurzzeit-, Tages- oder Nachtpflege zahlen, also keine Entlastung für ihre Pflegepersonen.

- Kranke, die nicht transportfähig sind, können die Tagespflege nicht nutzen. Also wird auch der/die pA nicht entlastet und der dafür bereitstehende Betrag verfällt.

- Für Maßnahmen zur Verbesserung des Wohnumfeldes werden pro Aktion bis 4.000 € angeboten. Aber die können nur die nutzen, die in der Lage sind, mindestens 2/3 der erforderlichen Kosten für Lifter oder Badumbau selbst aufzubringen (das sind die Wohnungs- oder Hauseigentümer). In Mietwohnungen sind Umbauten selten erlaubt, also fallen auch diese Entlastungen für pA aus.

- **Die Umstellung auf ein Pflegebudget könnte helfen.**

Viele wünschen sich, statt einzelner „Geldtöpfe" zur Unterstützung von häuslicher Pflege ein Pflegebudget, aus dem sie **nach eigenem Bedarf** Hilfen auswählen können:

Wer keine Tagespflege in Anspruch nehmen kann (dafür sind bis 1.995 €/Mt. vorgesehen), könnte stattdessen mehr Sachleistung für Schwerstkranke wählen.

Diese Budget-Idee wurde 2021 vom Pflegebeauftragten der Bundesregierung ins Gespräch gebracht. Für viele wäre sie hilfreich, aber auch sie wurde nicht umgesetzt .

• Die Mehrzahl der **anerkannten pA** sind Verwandte der Pflegebedürftigen, **das wird akzeptiert.**

Wieso sind Angehörige als Entlastung der pA verboten, obwohl viele von ihnen sich im Pflegehaushalt auskennen und auch über Nacht bleiben würden. Es ist viel leichter, Geschwister oder eine Tante als Vertretung zu finden als termingerecht einen Platz in einer Kurzzeitpflege.

Klartext:

Familien können sich mit Beträgen aus dem Kinder- oder Elterngeld (gezahlt aus Steuermitteln) auch für Kinderbetreuung durch Verwandte finanziell erkenntlich zeigen.

Wieso verbietet das SGB XI Hilfe von Angehörigen, **obwohl im „familienbasierten" Pflegesystem gerade Verwandte das wichtigste Hilfepotential für pA sind?**

Es gibt kein Gesetz, das man nicht ändern könnte!

Pflegepersonen sind freie Menschen. Mit welchem Recht werden sie bevormundet wie Befehlsempfänger?

Alle Geringverdiener leiden unter dieser Gesetzgebung!

• **Pflegegeld:** Warum wird nicht endlich eingeführt:
Wer die Pflege leistet, bekommt das Pflegegeld - Punkt!

Nicht als Lohn, sondern als Zeichen der Wertschätzung für die erbrachte Leistung.

Orientiert am Pflegegrad, ohne Zweckbindung oder Kürzung bei fachlicher Hilfe, steuerfrei und rentenberechtigt.

Die **Pflegebedürftigen** brauchen statt des Pflegegeldes einen **Pflegekostenzuschuss** – ebenfalls ohne Kürzung bei Inanspruchnahme der Sachleistung, denn die Zusatzkosten, für die das Pflegegeld gedacht ist, erhöhen sich sogar.

Natürlich wird all das die Kosten erhöhen. Aber pA ersparen **jährlich Milliardenausgaben**! Ist es da nicht gerecht, wenigstens einen Teil davon zur Entlastung derer zu nutzen, die **das deutsche Pflegesystem im Gleichgewicht halten**?

Ohne sie bricht es zusammen, **denn der Staat hat keine Alternative zu häuslicher Pflege zu bieten.**

Begreifen die Verantwortlichen eigentlich, was sie tausenden pA mit geringem Einkommen zu verdanken haben und trotzdem zumuten?

Gut zu wissen!

Eine repräsentative Bürgerbefragung zu „Leistungsausweitungen in der Pflege" stieß in der Bevölkerung auf **große Akzeptanz.** Gleiches gilt sogar für die damit verbundenen Kosten und den Anstieg der Beiträge zur sozialen Pflegeversicherung.

Die meisten Menschen begrüßen es, dass wegen des demografischen Wandels mehr Geld genutzt wird, um die Pflege zu verbessern." [10]

(Eine Beitragserhöhung von 0,1% entsprach im Jahr 2017 Mehreinnahmen von jährlich 1,2 Milliarden Euro).

---

[10] BMG Das Pflegestärkungsgesetz II, 2017, S. 11

Wer zu Hause pflegt, darf niemals NIE sagen!

Viele Angehörige sagen zu Beginn einer Pflege: „Diesen Menschen, den ich liebe, werde ich nie in ein Heim geben!"

Aber sie ahnen noch nicht, wie sich Krankheiten entwickeln und dass die Belastungen so zunehmen können, dass sie nicht mehr von **einer** Pflegeperson zu bewältigen sind.

Beispiel: Die Pflege von Alzheimer-Kranken. Wie können pA desorientierte Menschen mit „Weglauftendenz" 24h vor sämtlichen Gefahren innerhalb und außerhalb der Wohnung schützen? Die GPS-Systeme, die es inzwischen gibt, um vermisste Angehörige zu orten, sind ein Segen.

Pflegende Angehörige brauchen statt Bevormundung faire Rahmenbedingungen, Verständnis und Ermutigung, sich eigene Grenzen einzugestehen. Und sie brauchen einen Plan für den Tag, an dem sie das Pflegepensum physisch oder psychisch nicht mehr schaffen. Da hilft ihnen nur der Mut, die Reißleine zu ziehen, bevor sie selbst durchdrehen.

Niemand gibt einen geliebten Menschen leichtfertig in ein Heim, schon wegen der hohen Kosten. Aber nur Pflegeheime können helfen, wenn pA am Ende ihrer Kraft sind.

Es ist schwer, ein geeignetes Haus zu finden und Corona ist ein Zusatzproblem. Doch die Übersiedlung in eine Pflegeeinrichtung hat nichts mit „abschieben" zu tun und bedeutet keine endgültige Trennung, sie ist **not-wendig**.

Dort hindert eine Umzäunung Demenzkranke daran, zu jeder Tages und Nachtzeit das Haus zu verlassen, um nach irgendwas oder irgendwem zu suchen. Dort können sich Gehbehinderte trotz Rollstuhl oder Rollator frei bewegen - dank Aufzug. Alleinlebende finden Kontakte zu anderen und ein bisschen Abwechslung.

Dort sind Besucher/innen willkommen und sogar das Personal freut sich, weil damit vorübergehend ein bisschen Entlastung für die Fachkräfte verbunden ist.

Abschließend:

Kinder, deren Eltern in einem Heim leben (das sind 20% der Pflegebedürftigen) schützt das Angehörigen-Entlastungsgesetz vor Verarmung.

Und wer schützt die, die hilfebedürftige Menschen zu Hause umsorgen? Auch sie brauchen Schutz vor Armut. Dass ihre Hilfe generell unentgeltlich gefordert wird (unabhängig von ihrem eigenen Einkommen) widerspricht dem in Deutschland geltenden Solidaritätsprinzip!

Und dass es in einem der reichsten Länder der Welt „Armut durch Pflege" überhaupt gibt, ist ein Skandal!!

Liebe pflegende Angehörige, liebe Leserinnen und Leser!

Bitte, lassen Sie nicht locker und fordern Sie Gerechtigkeit. Nur gemeinsam können wir die notwendigen Veränderungen voranbringen!!

In Verbundenheit, Gudrun Born

Weitere Bücher bei
Books on Demand (BoD), Norderstedt

Balanceakt

Pflegende Angehörige zwischen
Liebe, Pflichtgefühl und Selbstschutz

Gudrun Born

ISBN Nr.: 978-3-7448-6940-9

2017 Aktualisierte Neuauflage bei BoD

Pflegende Angehörige (davon 64% Frauen) sind die tragende Säule des deutschen Pflegesystems, aber die Rahmenbedingungen für deren Arbeit sind unzureichend.

Häusliche Pflege

... ist trotz Pflegereform
eine Aufgabe mit Risiken und Nebenwirkungen

Gudrun Born

ISBN Nr.: 978-3-8423-7221-4

2016 Neuauflage bei BoD

Das Pflegestärkungsgesetz 2017 brachte einige positive Veränderungen, aber das Risiko der Angehörigen mit geringem Einkommen blieb –das muss geändert werden.

**Wir sind nicht nur für die Fehler verantwortlich,
die wir aktiv begehen,
sondern auch für Missstände,
die wir nicht verhindern**

Marcus Tullius Cicero (106 - 43 v. Chr.)
römischer Redner und Staatsmann

Die Autorin:

Gudrun Born, geb. 1931, lebt in Frankfurt/Main.

„Mein Mann erlitt mit 58 Jahren (aus dem vollen Berufsleben heraus) einen Hirninfarkt, verlor sein gesamtes Erinnerungsvermögen und war streckenweise gelähmt.

Ich habe ihn 17 Jahre zu Hause gepflegt.

Pflegeerfahrungen sind ein kostbares Kapital. Bis heute lotse ich Betroffene durch den Pflege- und §§-Dschungel und gebe die Hoffnung nicht auf, zu gerechteren Arbeitsbedingungen für pflegende Angehörige beitragen zu können."

Ich freue mich über Rückäußerungen von Leser/innen!

Mail: gudrun.born@t-online.de
Website: www.pflegebalance.de